HABLEMOS DEL RACISMO

This edition published by arrangement with the original Publisher
Franklin Watts, Inc.

ISBN 1-880507-09-9

Printed in Spain

HABLEMOS DEL RACISMO

ANGELA GRUNSELL

TRADUCIDO POR
TERESA MLAWER

LECTORUM
PUBLICATIONS, INC.
137 WEST 14TH STREET, NEW YORK, NY 10011

Todos tenemos derecho al respeto y a la igualdad. El racismo implica que a algunas personas se les niega este derecho.

¿Por qué debemos hablar del racismo?

Las bromas, los insultos y los ataques de tipo racista son, por desgracia, cotidianos. Aun así, muchas personas piensan que el problema del racismo no existe. Si observas detenidamente a tu alrededor, te darás cuenta de que sí existe. Racismo significa, por ejemplo, que algunas personas se formen un juicio sobre tu persona sin conocerte en realidad. Por culpa del racismo, muchas personas son tratadas injustamente. El racismo crea grandes abismos de intolerancia e incomprensión entre grupos que, de otra forma, podrían conocerse mejor y convivir en paz y armonía. Miles de incidentes racistas ocurren cada año. Muchas familias viven atemorizadas ante las amenazas que reciben contra ellas y contra sus hogares.

Este libro analiza en qué consiste el racismo, cuáles son sus efectos y por qué es tan negativo. Muestra cómo se percibe el racismo en la manera de hablar de algunas personas. Explica cómo algunos gobernantes se aprovechan del racismo para aumentar su poder generando el odio y el temor entre diferentes grupos.

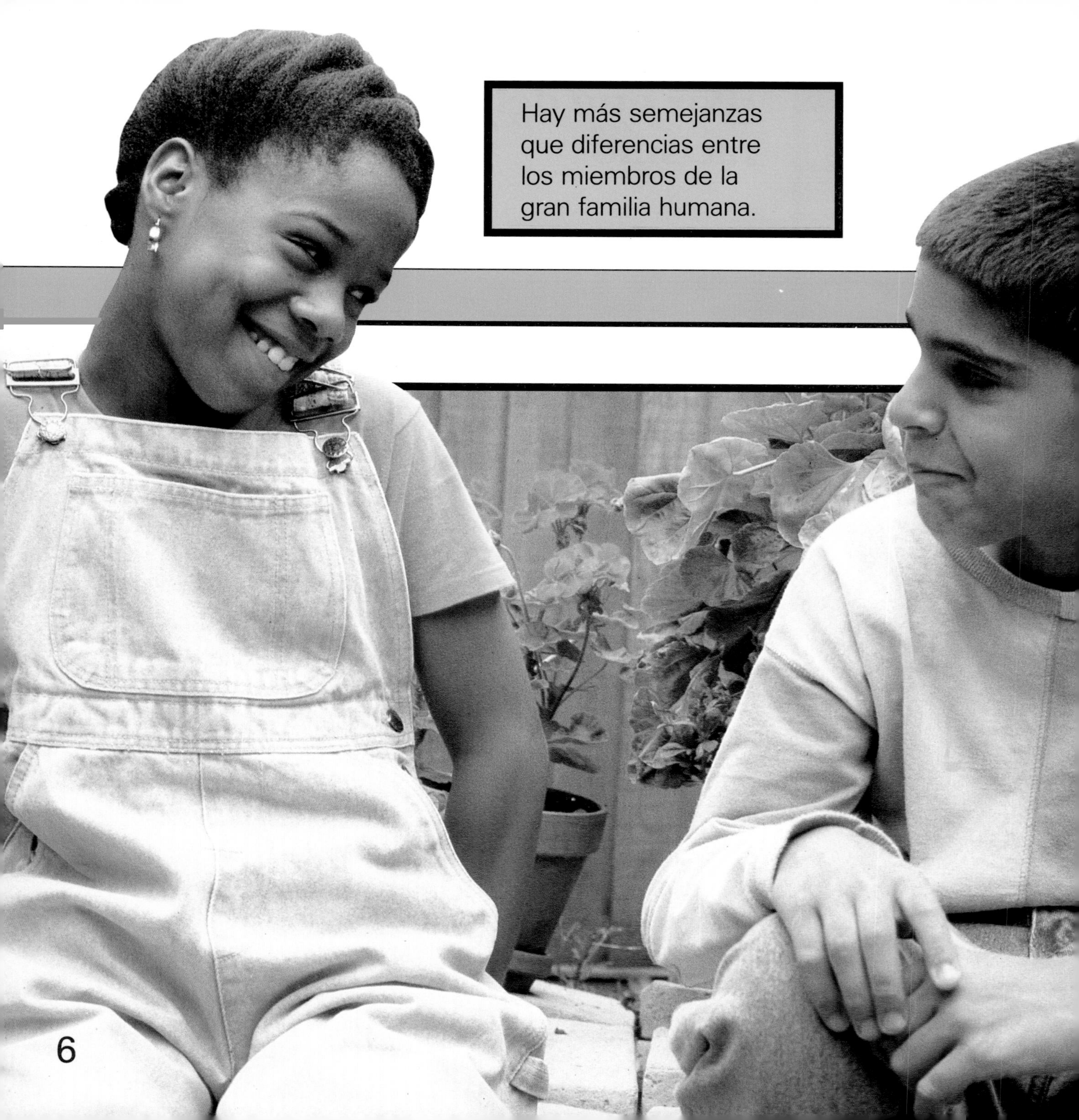

Hay más semejanzas
que diferencias entre
los miembros de la
gran familia humana.

¿Qué es racismo?

Todos pertenecemos a la especie humana. Para estudiarla mejor, los científicos nos han dividido en grupos o razas. Algunos tenemos la piel blanca; otros la tenemos oscura. Algunos tenemos el cabello rizado; otros lo tenemos liso. Pero todos formamos parte de la misma especie.

El concepto equivocado, en algunas personas, de que su grupo o raza es mejor que el de los demás se denomina racismo. Piensan que los otros grupos son "diferentes". Pero la realidad es que todos somos diferentes.

Cada uno de nosotros, es único. Tú no eres igual que tu mamá, que tu papá, que tus hermanos o hermanas, aun cuando físicamente te parezcas a ellos. En el mundo entero, no hay otra persona igual a ti. Puede que tengas más parecido con unos que con otros compañeros de clase, pero eso no significa que seas igual que ellos. Incluso es posible que tu mejor amigo hable un idioma diferente del tuyo en su casa, o que físicamente no se parezca en nada a ti.

El racismo se manifiesta cuando te apartas completamente de otras personas porque son diferentes, o porque son de otro país. Ya sea por su aspecto físico, ya sea por su forma de hablar, tal vez pienses que no pertenecen a tu grupo.

Como resultado del racismo en nuestra sociedad, algunos grupos gozan de más privilegios que otros. La discriminación racial — que a veces supone, por ejemplo, conseguir más fácilmente una vivienda, o tener mayores oportunidades de trabajo y educación — atenta contra la ley. Aun así, la discriminación es evidente en muchos lugares: en el autobús, en el patio de la escuela, en el aula. . . Aunque se puede iniciar un proceso legal contra cualquier tipo de discriminación racial, suele ser muy difícil probar cómo ocurrieron en realidad los hechos. No obstante, a veces prevalece la justicia, lo que demuestra que hay personas dispuestas a luchar en favor de una sociedad más justa.

Tiene mucho mérito tratar de conocer cómo es en realidad otra persona, sobre todo si tus amigos o tus padres te dicen que no lo hagas. Michael y Jamal, por ejemplo, van a la misma clase. Michael ha dicho que él «no juega con negros». Ambos, sin embargo, son partidarios del mismo equipo de fútbol, se inclinan por la misma música y comparten los mismos gustos en la comida. Michael tiene más cosas en común con Jamal que con sus primos. Todo esto lo pudo haber averiguado si se lo hubiese preguntado a Jamal. Pero, Michael ya se había formado una idea preconcebida contra Jamal sin haber hablado siquiera con él.

Todos considerarían tan inexplicable como injusto que en el patio del colegio sólo pudieran jugar los niños que están vestidos con ropa del mismo color.

¿Qué es prejuicio?

Es formar un juicio sobre una persona antes de conocerla. Sus raíces son el miedo y la desconfianza. Algunos sienten prejuicio contra las personas de otra raza. Piensan que porque alguien sea distinto físicamente o hable de manera diferente, ya no es de su misma clase.

A veces dicen: «Son unos ignorantes, unos vagos y no se puede confiar en ellos». Si traban amistad con alguien perteneciente a un grupo con el que no suelen relacionarse, entonces se justifican diciendo: «Bueno, es que esa persona es diferente». Pero no son capaces de cambiar su forma de ser o de pensar acerca de los miembros, en general, de ese grupo.

Se puede ser partidario de un equipo sin necesidad de pelearse ni de insultar a los seguidores de otro equipo.

¿Qué es un estereotipo?

Un estereotipo es tener una imagen, idea u opinión fija sobre alguien. Las agencias publicitarias, por ejemplo, crean la imagen de "madres y amas de casa ejemplares" para anunciar la venta de detergentes. Si, por cualquier razón, los demás te encasillan en un grupo determinado, es difícil que lleguen a verte de otro modo. Si actúas como el payaso de la clase, con toda seguridad que nunca te tomarán en serio. Señalar a las personas por alguna de sus características, como llamar "gordo" a quien tiene exceso de peso, ya es ir creando un estereotipo sobre ellas. Hay algunos maestros que dan por descontado que todos los niños negros deben ser deportistas. Estas ideas o conceptos prefijados son muy perjudiciales porque limitan la manera de ver a los demás y de verte a ti mismo.

Mae Jamieson es una astronauta. Todos los niños deben saber que si quieren ser astronautas, científicos o jueces, pueden llegar a serlo.

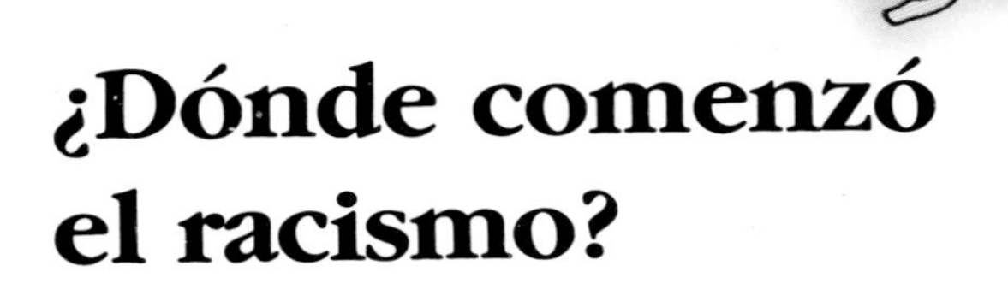

¿Dónde comenzó el racismo?

Durante los últimos 500 años, países europeos invadieron América, África y Asia. Conquistaron muchos territorios y crearon países a los que gobernaron como colonias.

Negros de África fueron traídos a América y vendidos como esclavos a los colonos blancos para plantar y recoger las cosechas. No sólo perdieron su libertad, sino que fueron arrancados y separados de sus familias.

Hubieron de pasar muchos años y una sangrienta guerra civil para que pudieran recuperar su libertad. Pero aún hoy muchas personas de piel negra luchan contra un racismo que nació hace tantos años.

Este mapa muestra como algunos países, en el año 1914, tenían bajo su control otros territorios. Hoy, estos territorios son países independientes, pero muchos luchan todavía por la igualdad de derechos.

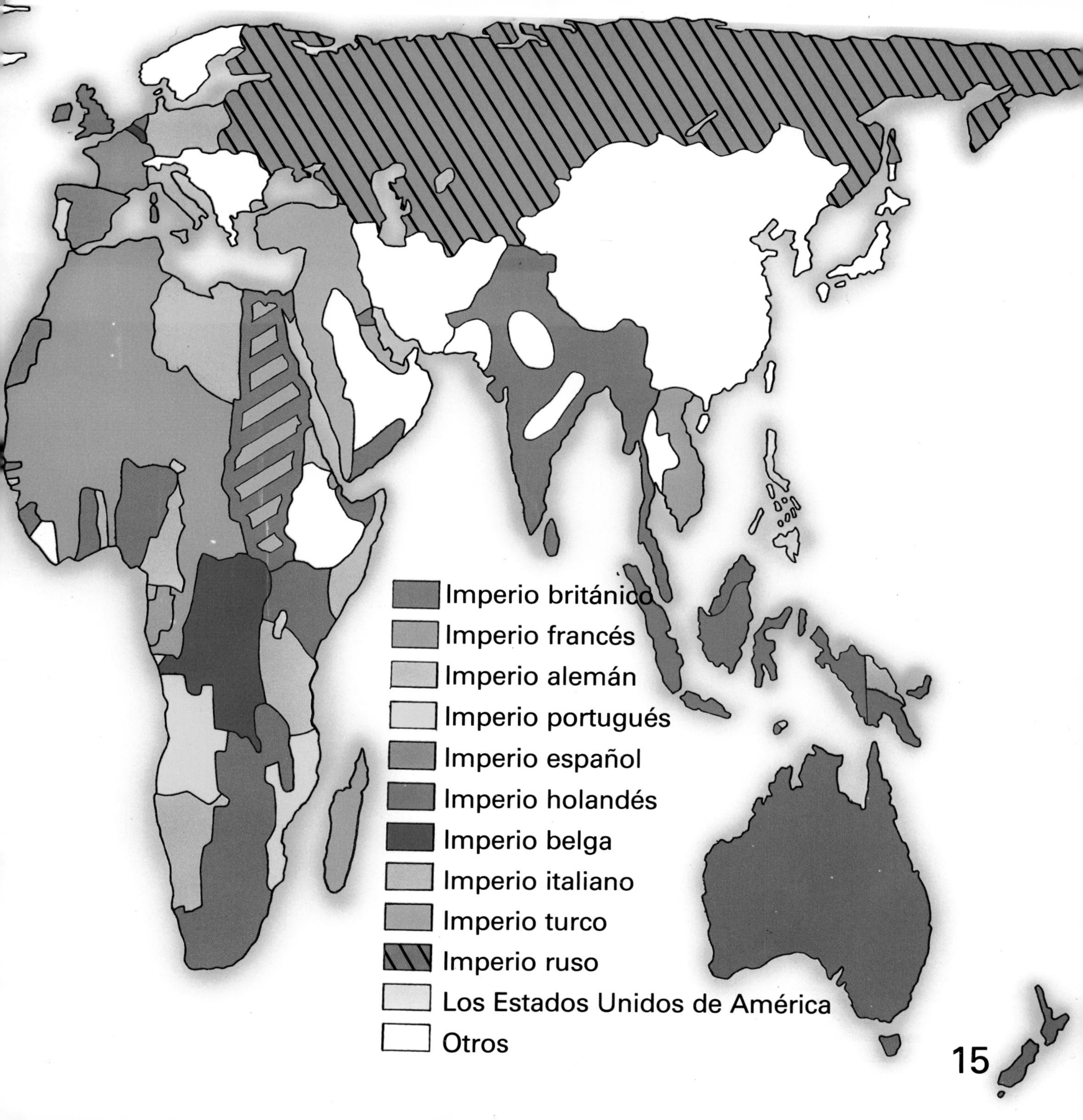
Imperio británico
Imperio francés
Imperio alemán
Imperio portugués
Imperio español
Imperio holandés
Imperio belga
Imperio italiano
Imperio turco
Imperio ruso
Los Estados Unidos de América
Otros

¿Cómo se propagan las ideas racistas?

Los niños pequeños no son racistas: aceptan a las personas que les brindan afecto y seguridad y confían en ellas. No se nace con determinadas actitudes o prejuicios; éstos se inculcan y se aprenden. Las ideas racistas se propagan cuando las personas las comunican verbalmente o por escrito, o reflejándolas a través de dibujos e imágenes. Los padres enseñan a sus hijos el nombre de las cosas pero, al mismo tiempo, les inculcan sus propias actitudes. Un edificio de vivienda, subvencionado por el gobierno, y un edificio privado de apartamentos están hechos con el mismo material; sin embargo, tú posiblemente los ves diferentes.

Las imágenes, impresas o visuales, pueden propagar el racismo cuando no muestran cómo son en realidad las personas de otros lugares.

OUR LAND
OUR LIFE

¿Por qué perdura el racismo?

Algunas personas todavía piensan que ser racistas es algo beneficioso para ellas. Tal vez sientan temor o envidia de otros grupos. Es posible que culpen a otros de sus propios problemas. Quizás hayan aprendido de sus padres a desconfiar y a sentir rencor hacia las personas de otros grupos, y creen firmemente en estas ideas que les fueron inculcadas. Cualquiera puede ser racista; no importa el color de la piel. Algunos recurren al racismo como excusa para cometer actos de violencia.

Este niño es un aborigen australiano. Es víctima del racismo porque le son negados muchos derechos. En el pasado, colonizadores europeos ocuparon por la fuerza tierras que pertenecían a los indígenas australianos.

La Alemania nazi alegaba que los judíos pertenecían a una raza inferior. Millones de judíos fueron exterminados. Estas mujeres y estos niños aguardan ser transportados a un campo de concentración.

¿Por qué es tan perjudicial el racismo?

El racismo genera desconfianza entre las personas. En algunos países, los gobernantes han utilizado el resentimiento existente entre determinados grupos para crear y fomentar el odio y el temor. Los políticos, a veces, se han aprovechado de los prejuicios de los ciudadanos para apoyar sus ideas y actos racistas.

En la década de los 30, en Alemania, Hitler y los nazis persuadieron a sus partidarios de que los judíos eran culpables de todos los males que acaecían. Brigadas nazis atacaron a los judíos y destruyeron sus propiedades. Se aprobaron leyes que prohibían a los judíos ser dueños de sus propios negocios. Bajo esas mismas leyes, los judíos no tenían el mismo derecho que los demás ciudadanos a recibir atención médica, educación y protección policial. Muchos judíos se fueron de Alemania huyendo de tan drásticas medidas, pero otros se quedaron y lucharon por sus derechos. Muchos fueron deportados a campos de concentración, y alrededor de seis millones de judíos perdieron la vida. Los nazis fueron derrotados por los países aliados en 1945.

La libertad del líder negro Nelson Mandela se logró gracias a todas aquellas personas del mundo que creen que el racismo y la segregación racial no sólo son destructivos, sino crueles e injustos. Había permanecido preso durante 27 años.

Abrazar ideas racistas implica que, en cierta forma, te vas a beneficiar de un trato injusto hacia otras personas. El racismo divide a los hombres, en lugar de permitirles conocerse mejor y tratar de convivir en paz y armonía.

En Sudáfrica, familias de origen europeo todavía ocupan tierras de las que sus antepasados se apropiaron durante los últimos 300 años. Hay 22,3 millones de negros y solamente 4,5 millones de blancos. Los blancos son dueños del 87% de las mejores tierras, mientras que los negros sólo poseen el 13%. En Sudáfrica, los blancos han obligado a los negros a aceptar el «Apartheid» (sistema de segregación racial). Bajo este sistema de leyes, los blancos controlan dónde viven y trabajan los negros, e incluso con quién pueden casarse. El presupuesto para la educación de los niños negros es muy inferior al de los niños blancos.

Estas leyes han servido para mantener el poder y la riqueza en manos de los blancos. La segregación racial se basa en la creencia de que los blancos y los negros son diferentes, de que deben vivir y crecer separadamente porque los blancos son superiores. Los sudafricanos negros nunca han perdido la esperanza de recuperar su tierra. Luchan por sus derechos humanos. Gracias a que millones de personas, negras y blancas, dentro y fuera de Sudáfrica, creen que la segregación racial es condenable e injusta, las cosas están cambiando.

El racismo en la escuela

Si te das cuenta de las verdaderas consecuencias del racismo, podrás entender que los incidentes racistas representan algo mucho más serio que una simple desavenencia entre dos o tres personas. Llegarás a comprobar cómo, en casos extremos, las consecuencias del odio desatado pueden ser tan graves como la guerra o la muerte. El racismo puede acarrear violencia y ataques, en la calle o en sus propias casas, a ciudadanos de una raza o grupo. Tú puedes hacer algo para que tu escuela sea un lugar seguro para todos. Si alguna vez has sido objeto de comentarios racistas, por desgracia sabrás lo que eso duele.

En muchas escuelas, niños y adultos colaboran para erradicar el racismo. Este dibujo fue realizado por niños que, tras haber estudiado la situación en Sudáfrica, hicieron un trabajo conjunto sobre los derechos humanos.

Es nuestra obligación, y la de todos cuantos piensan que el racismo no debe existir, luchar por conseguir cambios. Tú tienes la posibilidad de combatir el racismo en tu clase y en tu escuela hablando de ello con tu maestro.

El maestro o la maestra puede que no sepa lo que ocurre en el patio, en los baños o en la cafetería de la escuela, a menos que tú se lo digas. Tú y tus amigos también pueden hablar con el director de la escuela acerca de lo que está sucediendo. Si es necesario, pídeles ayuda a tus padres o a otros adultos. Si se habla y se debate en clase acerca del racismo, podrás conocer lo que les está sucediendo a muchos otros niños, y apreciar hasta qué punto les afecta.

El racismo es un tema muy complejo. Existe desde tiempos inmemoriales y está arraigado en nuestra lengua. Por ello mismo, todos debemos conocer y comprender los problemas que acarrea. Una manera de cambiar nuestras actitudes es tratar de conocer cómo son y cómo viven otras personas. Puedes enriquecer tu vida aprendiendo otros idiomas, informándote de las costumbres, religiones, comidas, música y arte de otros grupos cuyas culturas no te son familiares. Tratarás con personas que, a primera vista, te parecerán muy diferentes. Intenta conocer sus costumbres y, al mismo tiempo, infórmale de las tuyas.

Cuanto más conozcas a otras personas, y ellas te conozcan a ti, menos separación habrá a causa del racismo. El Año Nuevo Chino se celebra en muchos países.

¿Cómo hacer frente a los insultos racistas?

Cualquier grupo puede ser objeto de discriminación. Sentirte orgulloso de ti mismo, de cómo eres, no evita que otras personas te ofendan, pero al menos te ayuda a defenderte mejor. Puedes evitar algunos enfrentamientos, comportándote con dignidad y no permitiendo que otras personas te molesten. Debes elegir, en todo caso, el momento adecuado, ya sea para imponerte y salir en defensa de tus derechos, para solicitar ayuda o, simplemente, para evitar un enfrentamiento innecesario. Cuando las personas se unen y adoptan medidas conjuntas para combatir la injusticia, se pueden lograr cambios importantes.

No debes ser objeto de ningún tipo de discriminación. Si es necesario, pide ayuda y busca la mejor manera de hacer frente a esas personas que te están molestando.

¿Qué puedo hacer yo?

Este libro te ha mostrado que el racismo existe tanto a nivel individual, entre personas de distintos grupos, como a nivel colectivo, en algunos países. Has aprendido que los prejuicios y los estereotipos — aunque tan sólo se trate de comentarios o de bromas — crean y alimentan ideas racistas. Nunca llegarás a conocerte verdaderamente a ti mismo, ni a conocer a los demás, si te dejas influir por estas ideas.

Aunque en este libro se alude preferentemente a las relaciones entre negros y blancos, hay muchos otros casos de racismo, pasados y presentes, que igualmente puedes analizar.

Tú debes y puedes, si ocurre en tu presencia, hacer frente al racismo. Has de ser imparcial con las personas que te rodean y tratar de conocerlas mejor, hablando con ellas y escuchándolas.

Si necesitas más información, puedes escribir a estas direcciones:

Martin Luther King Center
for Nonviolent Social Change
449 Auburn Avenue
NE Atlanta, Georgia 30312

American Civil Liberties Union
132 West 43rd Street
New York, N.Y. 10036

Vocabulario

Apartheid: sistema de segregación racial establecido en Sudáfrica. En 1991 se inició su abolición.

campo de concentración: prisión en la que se obliga a las personas a vivir y a trabajar en condiciones inhumanas.

discriminación: situación por la que una persona recibe un trato inferior de los demás.

especie: conjunto de seres naturales que reúnen varias características comunes. Todos los seres humanos pertenecen a la misma especie.

estereotipo: imagen falsa — de características por lo general negativas — que se impone a los miembros de determinados grupos.

prejuicio: idea preconcebida que, acerca de algo o alguien, se forma sin conocimiento suficiente.

racismo: creencia por la cual algunas personas consideran que su raza, clase o grupo, es superior al de los demás.

Índice

Fotografías:
Portada y páginas 4–5, 6–7, 8–9 y 28–29: Marie-Helene Bradley; página 11: Topham Photo Library; página 12: Frank Spooner Pictures; página 16: Rex Features; páginas 18–19: ICI Corporate Slide Bank; páginas 20–21: The Institute of Contemporary History and Weiner Library; páginas 22–23: International Defence and Aid Fund for Southern Africa; páginas 24–25: tomada en la escuela primaria Dulwich Hamlets por Art and Development Education Project; páginas 26–27: Network Photographers.